ローランド先生

お悩み解決特別授業

扶桑社

『ローランド先生』の収録に密着

収録のためフジテレビの湾岸スタジオを訪れたローランド。〝先生〟としての仕事ぶりを知るべく、本書の編集Aが1日密着してきました！

日焼け止め塗ってきました？

まるで太陽のような輝かしいオーラを放ちながら登場したローランドさん。ジリジリと肌が焼けそうなので、私も日焼け止めを塗ってお出迎え。歩いているだけで絵になるとはどういうこと……？

男ウケけとか女ウケけとか、
人類ウケなんで

楽屋に入ると専属のヘアメイクさんの手によってさらに輝きに磨きがかかり、ローランドからローランド先生へ。鏡をジッと見つめてもっと入念に身支度をするかと思えば、かかった時間はめちゃくちゃ短い。人類ウケするローランド先生の魅力をもってすれば、ことさらに着飾る必要はないのか……！

すべての準備を終えたローランド先生は余裕をもってスタジオ入り。その視線の先には陰で支えてくれるスタッフさんたちの姿が。声がかかるまで、みなさんの働きぶりを見つめていました。

暇な男にMCを任せたくない

無事に収録が始まると同級生の霜降り明星・粗品、指原莉乃と軽快にトーク。ピンポイントなスケジュールになることも多いようですが、「暇よりいい」と先生は常に前向きです。

1個だけできないことがある 世の中の女性を悲しませること

収録後はそのまま次回以降の打ち合わせやインタビューを受けることも。疲れを感じさせることなく、爽やかな笑みを見せてくれました。どんなことでもそつなくこなせそうなローランド先生ですが、できないことがたったひとつだけあるそうで……。

湾岸スタジオでの仕事がすべて終わると、スタッフさんにあいさつをして車に乗り込み、次の仕事へ。1日密着して見えてきたのは、ローランド先生の真面目さと優雅さでした。そんな先生がどうやって悩める人々を救ってきたのかは、ページをめくって確認してください！　先生、お疲れさまでした！

はじめの言葉

全世界に10億人いると言われているローランダー（ローランドファン）も
そうでない方も、まずはこの本を手に取ってくれたことに感謝したい。

『ローランド先生』という番組は、俺が視聴者やタレントの悩みに答える
お悩み解決番組であると同時に、俺自身初の冠番組でもある。

この本は、そんな『ローランド先生』のなかで登場した生徒たちの悩みと、
それを解決に導いた俺の言葉たち
——いわゆる「名言」と呼ばれているもの——を
一冊にまとめたいわば教科書だ。

正直に言うと、自分の事業が忙しくなってきたこともあり、
少し前からテレビに対する興味が薄れていた。

だが、初の冠番組企画の話を聞いたとき、
俺はこう考えた。

「ホストのフラグシップである俺が
冠番組を持てたら、
ホスト業界に夢を与えられる！」と。
それくらい、誇りを感じている。

それに、ホストの冠番組という
無謀な企画を通すスタッフの
勇気とチャレンジ精神がうれしかった。

この本に載っている俺の教えがつまった言葉たちが、
少しでも読者の悩み解決の糸口になり、
前向きに生きる力になればとても喜ばしく思う。

「学校は通うものではなく、建てるもの」

ここに、俺の特別授業の開講を宣言しよう。

ROLAND

青空の下で高らかに開講宣言をしたローランド先生。
いったいどんなまぶしい人生を歩んできたのか？　俺ヒストリーを紹介！

ローランド先生の軌跡

1992年
7月27日、
東京都に生まれる。

1995年
幼稚園入園
入園と同時にサッカーを始める。

1999年
小学校入学
カードゲームが流行っていたが、
作られた流行には
興味が持てなかった。
好きだったのは映画
『ゴッドファーザー』と
『タイタニック』。

2005年
中学校入学
Jリーグ下部組織チームに所属。
本格的にサッカーで世界を目指そうと思い始める。

2008年
帝京高校入学
スポーツ特待生として帝京高校に入学し寮生活。
サッカー漬けの毎日。目標は全国制覇。

2010年
10月13日、全国高等学校サッカー選手権大会
東京予選決勝で敗退し引退。

みんなと
同じ食器で
給食を食べることに
耐えられず、
父親に買ってもらった
金のマイ箸を
持参

5日間、
朝5時に起きて
砂浜を走るだけの
砂浜合宿は、
人生において
一二を争う苦行

ホスト、モデル、タレント、実業家。
自身の経験から生み出される名言
が話題に。今回、悩める人々を救う
べく、先生として弁舌をふるう。

Roland History

2011年　大学入学
推薦で大学に入学するも入学初日に自主退学。
ホストを志し新宿アルタ前で最初に声をかけてきた店にそのまま入店。
最初の1年はまったく売れず。

2012年　No.1になって以降、歌舞伎町の最年少記録を次々更新。
20歳で店を買収しオーナーに。

2013年　1月、地元の成人式に白スーツで凱旋するも、買収した店はあっけなく閉店。

2014年　史上最高額で移籍した新店では売掛をやめ、
ノンアルコール接客に切り替えた。

理由は、
車で出勤するためと、
酒ありきの世界で
あえて酒に頼らず
格の違いを
見せつけるため

2015年　歌舞伎町No.1ホストとしてメディア露出が増える。

2017年　所属する店舗の取締役に就任。
2018年　7月、バースデーイベントで
月間6000万円以上を売り上げる。
所属するグループの個人最高売上を記録。

2018年　10月、株式会社「ROLAND ENTERPRISE」および株式会社「シュヴァルツ」を設立。
12月、現役ホストを引退し、次のステージへ。

2019年　2月、展覧会「ROLAND ～俺か、俺以外か～」を全国のPARCOで開催。約10万人を動員。
3月、書籍『俺か、俺以外か。ローランドという生き方』を出版。発行部数30万部を突破。
4月、歌舞伎町に自身が代表を務めるホストクラブ「THE CLUB」をオープン。
7月、フジテレビにて自身初の地上波冠番組『ローランド先生』がスタート。

ローランド先生 番組紹介！

第1弾 2019年7月29日（月）〜8月2日（金）放送

第1弾は女子アナ祭り！ フジテレビアナウンサー（三上真奈、宮司愛海、藤本万梨乃）、プラス、芸人・EXITのお悩みを５日にわたって放送。MCは三四郎の小宮浩信。仕事や恋愛はもちろん、プライベートに関する切実なものまでバリエーションも豊か。

ときには小宮がアドバイスをしてみるも、あまり響かなかった様子。対して、先生の言葉は一言も聞き逃さないよう、前のめりになって穴があくほど見つめる女子アナたち。

ズバッと解決策を授けていくローランド先生。名言がポンポンポーンと出てきて、スタジオのテンションも爆アゲでした！ みんなのお悩みも解決したようでスッキリ。

第2弾 2019年10月18日（金）放送

先生と同世代の霜降り明星・粗品がMCを務めた第2弾では、パンサー・向井慧とともにBLEA学園、スフィーダ世田谷FC、DANCE WORKS、フラダンス教室ナプアへ出張。スタジオにはアインシュタイン、上原りさ、村田琳、ゆきぽよが相談に訪れました。

小学生から親世代まで多くの人々を救うローランド先生。先生の魅力を理解するのは、JSにはまだ早かったようですが、JKのことはしっかり魅了して好きピになっていました。

MCの粗品と先生は同世代！ 先生曰く、その世代は「人間の当たり年」なんだとか。数々のお悩みを解決していくなかで、先生の恋愛観や家族の話も知ることができました。

『ローランド先生』とはどんな番組で、先生がどんなふうにお悩みを解決してきたのか。

これまでに放送された4回を一気に振り返ります！

第3弾 2019年12月19日(木)放送

粗品、YOUと代々木アニメーション学院へ行き、小倉優子、大久保佳代子とdely株式会社へ。

オードリー・春日俊彰、みちょぱと日本体育大学女子サッカー部、そして粗品、若槻千夏と『egg』モデルに会いに行った第３弾。スタジオMCには指原莉乃が仲間入り！

代アニでは幼い頃のローランド先生を知るという、声優の松本梨香が登場。学生たちや松本の悩みに真摯に向き合う先生を見て、その成長ぶりに感動していました。

互いの印象を語りながらトークする同級生３人。本田翼、きゃりーぱみゅぱみゅ、霜降り明星・せいやといった同級生芸能人からのVTRも届いてフレッシュ感あふれる回に。

第4弾 2020年4月20日(月)放送

第4弾では趣旨を変え、「一流人間力テスト」としておもてなし力チェックと企業の模擬面接を実施！

おもてなし力チェックではかたせ梨乃、アンミカと一流リゾートでの接客を体験。

模擬面接では関ジャニ∞の大倉忠義とハリウッドザコシショウが模範解答を見せる。

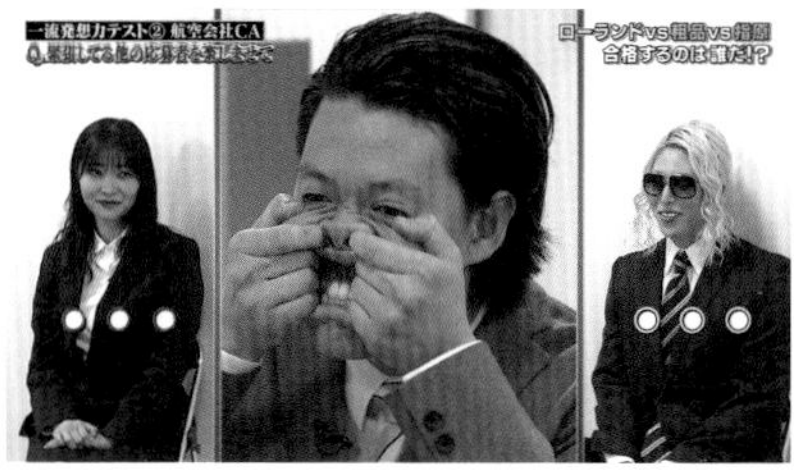

リクルートスーツに身を包み、粗品・指原と企業の就職面接に挑戦。変化球ばかりの質問に戸惑うが、ローランド先生はものまねを披露しポテンシャルの高さを見せつけた。

星野リゾートを訪れたローランド先生は、一流リゾートのおもてなしを実践で学ぶことに。配膳ではやや苦戦するも、騒いでしまうお子さんに対してはさすがの指導力を発揮。

Contents

1時限目

恋愛の授業

幸せにしたくて、幸せになりたくて、誰かを好きになるはずなのに、
うまくいかず不安になってしまうことが多い恋愛。
そんな悩める人々に、ローランド先生が語る愛とは？
貴重な先生流の告白も特別に披露してくれました。

いい恋をするには

渋谷女子の憧れの的である女子高校・BLEA学園。休み時間中にローランド先生が悩めるJKを救うため学園に潜入！

悩み❶ BLEA学園・ちみれなちゃん（高2）

3年間ぐらい片思いしてる人がいて！　好きピ（好きな人）。彼には彼女がいて。2番目だったんですよ。もう1番になりたいんです。

How to have a good relationship
Roland says...

まあ、偏差値の低い学校に不良って入ってくるじゃないですか。逆に頭のいい学校には頭のいい生徒が入ってくる。それと一緒で、

自分がいい女だったらいい男が寄ってくる。

周りにいる男は自分の鏡。自分を磨く努力は大事かな。いつか好きピ？　それが追いかけてくるよ。

ちみれなちゃん：好きピのことやめて、ローランド様にいこうと思った

ローランド先生：俺が好きピになりましたね

自分が良い女だったら
良い男が寄ってくる

自分の磨き方

カリスマJKたちが集うBLEA学園。今どきのJKの悩みに、特別講師のローランド先生が教壇から熱い名言をぶつける！

悩み❷ BLEA学園・みくちゃん（高1）

元彼が4人いるんですけど、全部フラれるか浮気されるかなんですよ。全員クズだし。やっぱクズ好きになっちゃうよね……。

クズ好きにならないよ
クズ男から卒業したい

How to improve yourself
Roland says...

クズ、好きにならないよ！　俺は！

自分の磨き方で一番なのはいい男に会うこと。

いい男に会うと「もっとかわいくなりたい」とか「この人に好きって思われたい」って思うもの。
だから、俺がこの教室に入ってきたときからみんなかわいくなってますから。

パンサー・向井慧：ローランド先生が入ってきた時点でみんな偏差値上がっちゃってんすね！

みくちゃん：自分を磨いていい女になろうと思います！

恋愛のタイミング

2019年3月にNHK『おかあさんといっしょ』のおねえさんを卒業した、タレントの上原りさが、スタジオでローランド先生に本気の恋愛相談。

悩み❸『おかあさんといっしょ』元おねえさん・上原りさ

男性をあまり好きになれなくて、恋をしたことがない。27年間彼氏がいたこともないんです……。

恋はするものじゃなくて落ちるもの。

無理やりするものではないのかなって、俺は思いますけどね。運命を大事にしたらいいんじゃないですか？例えば、レストランに食事に行ったとして、

粗品：これは心に刺さる人、多いんじゃないですか？

アインシュタイン・河井ゆずる：（相方の）稲田はパンばっかり食べてきた！

The best timing for falling in love
Roland says...

オシャレなお店に慣れていない人ってメインディッシュがくる前に、パンを食べてお腹がいっぱいになっちゃう。
逆に、慣れている人はきちんとメインディッシュを待つことができる。
上原さんは、こうやって今までパンを食べずに、ローランドをきちんと待てた（笑）。
それはすごく素敵なことで、
運命の相手を待つことができる女性なんだと思います。
世の中80点、70点の男を脳内補正で30点プラスして
100点だと思い込んで付き合ってる人ばっかりじゃないですか。

俺ぐらいの100点の男が現れるまで、そのままでいいと思う。

ローランド流告白術

お願い❹ 霜降り明星・粗品

上原さんに、いつかくる告白に備えて
ローランドから告白とはどんなもんか見せたってよ！

27年間彼氏がいなくて、告白をしたこともされたこともない、元『おかあさんといっしょ』おねえさん・上原りさにローランド先生が公開告白！

The way how Roland asks out
Roland says...

俺、ローランドって世間一般なんでもできるイメージで
見られていると思うし、
実際、できないことなんてないんだけど、
唯一、ひとつだけできないことがあって。
なんだと思う？

りさを悲しませることかな。

絶対悲しませないから俺と付き合ってほしい。

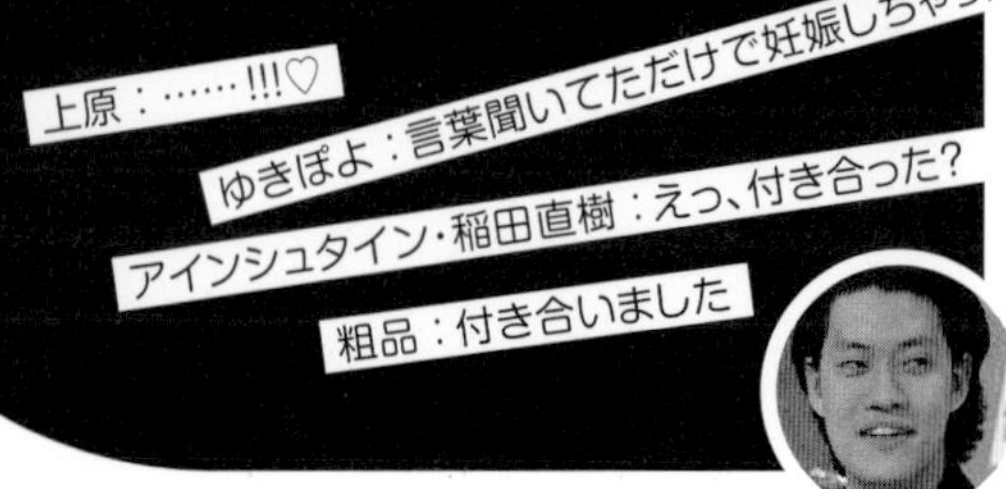

上原：……!!!♡
ゆきぽよ：言葉聞いてただけで妊娠しちゃったかと思った
アインシュタイン・稲田直樹：えっ、付き合った？
粗品：付き合いました

ダメ男好きの逡巡

収録中、ローランド先生からまったく目が離すことができないフジテレビ宮司アナ。アナウンサーなのにガッツリ恋愛相談！

悩み❺ フジテレビアナウンサー・宮司愛海（入社5年目）

結果的に同じようなダメな男性を好きになっちゃう。入り口はみんな優しくていい方なんですけど、付き合っているうちに尽くしすぎちゃうのか、どんどんダメ男っぽくなっていっちゃう……。

How to see through a bad guy
Roland says...

ダメ男かそうじゃないかを見極める最強の質問があって。「あなたはローランドですか？」って聞いてみてください。

「ローランド」って答えたらいい男です。

宮司アナ：ちなみにビジュアル面での男性の好みは“まったくない”です！

三四郎・小宮浩信：ローランド先生に対して“まったくない”人の色めき方じゃない！

結婚の意義とは

悩み❻ フジテレビアナウンサー・三上真奈（入社7年目）

今年で30歳になったアラサーなんですけど、結婚って人生において大切なことじゃないですか。勇気が出ず、なかなか一歩が踏み出せない……。

フジテレビ入社7年目の三上アナは30歳独身。自身の切実な悩みを、思い切ってローランド先生に大告白！

結婚っていうのは、
そもそもロマンチックなものだと思う。

勇気を出さなきゃ結婚できない相手って、運命の相手じゃないのでは？

The meaning of marriage

Roland says...

買い物に行くじゃないですか。
そうしたら「せっかくだからなんか買って帰んなきゃ」って、
着もしない服でクローゼットをパンパンにしている人って結構多い。
だけど、本当に気に入ったものじゃなければ、
別に買う必要はないと思う。
年齢を気にしてるのかもしれないけど、

人間どれだけ生きたかっていうより、どう生きたか。

そもそもアラサーって表現があまりよくない。
"Around beauty"ぐらいの気持ちでいてほしい。

三上アナ：わかりました、なんかキラキラって感じですよね？
三四郎・小宮：……理解できてます？
ローランド先生：……結婚できない理由が見えてきました

恋愛有限無限論

悩み❼『egg』モデル・ゆうちゃみ（高3）

1週間半前にパパとママが離婚しちゃって。
どうしていいかわからなくなって……。
終わった関係ってもう戻らないのかな？

現役女子高生で『egg』モデルのギャルから、ガチな悩み相談を受けるローランド先生。両親の愛の問題にどう答える⁉

例えば乾杯するときに心から楽しんで乾杯しても
グラスが割れちゃうことがたまにある。
それは男女の関係と非常に似ていて、

最初からグラスを割ろうと思って
乾杯する人はいない。

Is love finite or infinite?

Roland says...

素敵なお酒にしようと思って誰もが乾杯するけど、手が滑ったりとかグラスがもろかったりして割れちゃうときもある。「寂しい」とか「まだ未来があるのでは」って思う気持ちもわかるけど、割れたグラスにワインを注いで飲むのは危ない。前向きに新しい現実を見ていかなければいけない。

恋愛に永遠を求めてはいけない。すべての変化を受け入れた先に幸せがある。

若槻千夏：悩んでいると思うけど「家族」なんだから
ゆうちゃみ：ヤバい、泣きそう……

離婚は十字架か

悩み❽ BLEA学園・根岸先生(27)

バツイチなんですよ、私。
10年ぐらい付き合った人と結婚したんですが、2年で別れた。
バツイチキャラでやっているんですが、どう思いますか?

バツって表現が俺は好きじゃない。
本気で愛された回数だと思えば勲章みたいなもの。
ただ、バツを重ねていると、
なかには手をあげる男もいるじゃないですか。

ゆきぽよ:カッコいい〜!!
粗品:天ぷら!? 売上だけでよかったよ

Is divorcing bad?

Roland says...

手をあげる男は絶対によくない。

俺があげるのは、売上と天ぷらだけ。

2次元と3次元の狭間

代々木アニメーション学院で声優を目指す女子が、2次元についての相談。自身も『ラブライブ！』が好きなローランド先生の答えは？

悩み❾ 代々木アニメーション学院声優タレント科・こひなたさん(22)

高校生のときに付き合ってた彼氏がいたんですけど、フラれて……。その傷を埋めてくれたのが2次元の大好きなキャラクターたちだったんですよ。その大好きなキャラクターたちを現実の男性が超えてくれない！

Between anime characters and reality
Roland says...

俺もアニメが好きだし、

2次元って本当に夢のような空間！

夢がどれだけ美しくても、目覚ましを止めて起きて、ときにはつらくて、ときには汚い3次元というリアルを生きなければいけない。夢ってずっと叶わない。

2次元もいいけど、異次元どうっすか？

夢がどんなに楽しくても、目を覚ますことが大事。

こひなたさん：私を女性にしてくれる男性を探します！
ローランド先生：今でも相当女性ですよ、キレイな目をしているしね。俺が映り込んでるから
粗品：止まらんな！

デートと有名税

ローランド先生に代わって夜の街にお悩み相談をしに行ったEXITのふたり。取材後ふたりで飲みながら先生に相談する悩みを考えて……。

悩み⑩ EXIT・りんたろー。＆兼近

モテたくて芸能界に入って、やっとテレビに出られるようになったんだけどデートとか表でできないじゃん。ローランド先生、女の子とデートがしたいけどできません。どうしたらいいですか！

Dating and the price for fame
Roland says...

ホストやったらいい、
EXITは。
そうしたらデートを見られても「仕事熱心な方なんだな」って印象になるから。

粗品：EXITがホストやんの!?
ローランド先生：ちょっとふわっとした解決策になっちゃった

校外学習❶ ～体育～

スフィーダ世田谷FCと日体大では帝京高校で培ったサッカーテクを披露。

スフィーダ世田谷FCに出張したところ、先生のインスタグラムで見たというオーバーヘッドキックのおねだりが。予定外でしたが、期待に応えるべく挑戦。

ゴールを背に数回リフティングをしたあと、華麗に体を回転させ思いきりよく、オーバヘッドキックを炸裂。練習なしの一発勝負で見事に決めました！

日体大女子サッカー部のトレーニングルームで、ベンチプレスにチャレンジ。美しく、たくましい筋肉で中級～上級者レベルの80kgも余裕でクリア。

帝京高校でストライカーを務めていた頃に考案したというテクを、未来のなでしこに伝授。一瞬で相手をかわすフェイント技に、一同大興奮！

2時限目

美意識の授業

単純な容姿の話に限らず、生き方やマインドが反映される〝美意識〟。より魅力的な人になるためにはどうしたらいいのか、見た目だけでなく内側から美しくなる方法がローランド先生の言葉につまっていました。

色気の出し方

悩み⑪ フジテレビアナウンサー・三上真奈（入社7年目）

ずっと悩んでいるのが「色気が欲しい」ということ。

若い頃は「年々出てくるものだよ、30代になったら色気が出てくるから」と言われていましたが、一向に出てこない。

セクシーな服を着ていなくても、内面から色気が出ている方に憧れています。

IAN RO
JNDERWEAR

三上アナは女性の魅力についての切実なお悩み相談をローランド先生に。三十路を迎えたことによる焦りが質問にも……!?

30歳独身 三上アナの悩み
内面から出る色気が欲しい
THE ODAIBA 2019
外見を変えること

How to be seductive?

Roland says...

そもそも外見と内面ってリンクしていて。

内面を変える一番の方法って、実は外見を変えること。

下着って見えないものだけど、勝負下着を着けていると、ちょっとアグレッシブになれたりする。身に着けるもので、人の内面ってすごく変わる。

色気がない女性は、映画で例えるなら予告を観るだけで全部わかっちゃう人。色気がある女性って、予告を観たら「もっと観たい」って思わせてくれる。

先がわからないってことが、色気だと思っている。和服を着ている女性のほうが色気を感じる人って多いじゃないですか。それが、展開がわからないミステリアスな色気じゃないですかね。

なんでもかんでもオープンにしていたから、もう少し「秘めて」みます
三上アナ

じゃあこれからは、和服とか着てアナウンスしていただければ！
三四郎・小宮

ストイックの意義

悩み⑫ スフィーダ世田谷FC・片寄選手（18）

悩みは、最近太ってしまったことです！
食べるのが大好きなんで。
タピオカ、好きです！

スフィーダ世田谷FCのなでしこサッカー女子。野外で輝く彼女たちの、乙女な悩みにローランド先生はどう答える!?

The reason to be strict with yourself

Roland says...

まあ、どこを目指すか。
トップ・オブ・トップにいくとなると、
我慢しなきゃいけない瞬間ってどうしても出てくる。
俺もサッカーをやっているときに
「炭酸を飲むな」とか「女の子を見るな」とかあった。
最初はすごく馬鹿らしくて、健全じゃないなと思っていて。
でも、極限の状態になると、

我慢や継続することが心の支えになって、
自分を強くする。

だから、タピオカがおいしくても、やっぱり我慢する。
そうすると試合で
「タピオカを我慢したから負けるわけない」って思える自信に繋がる。

まあ俺もタピオカ屋さん出したんで、
もし食べたかったらいつでも。

やめてください！
なに宣伝ぶち込んでるんですか！
パンサー・向井

日焼けとローランド焼け

悩み⑬ スフィーダ世田谷FC・中山選手(23)

年中、日焼けで真っ黒なんです。
電車に乗ったときとか、普段の生活で2度見されます……。

照りつける太陽の下で日々練習に励むなでしこサッカー女子ならではのお悩みに、ローランド先生は実体験を交え寄り添う。

Sunburn and Roland-burn
Roland says...

2度見とか失礼ですよね。
俺、5度見されることとあるけど。
男性は色白と色黒なら、割合としては色白好きが多いと思う。
でも、それは二流の男。

俺クラスになると、太陽みたいな存在だから、目の前の女性は必然的に日焼けするんですよ。

女の子がずっと色白な時点で、その男、考えたほうがいいよ。

準備することの大切さ

悩み⑭ 日体大女子サッカー部・部員

男子や男性スタッフがいても、みんなその場で着替えをしています。
どこでも着替えちゃう女性は
ローランド先生的にどう思いますか？

日体大女子サッカー部のなでしこたち。同じくサッカーを愛するローランド先生が、彼女たちの乙女な悩みを優しくカバーリング！

Roland's Method
惰性の先には失敗がある
常日頃から準備を怠るな

Be ready at anytime
Roland says...

いつ運命の男性に出会うかわからないから。
体育会系の環境で「着替えを見られてもいいや」って思ってがさつになる部分もあると思うけど、それは普段の行動に出てしまう。
だから、常日頃から準備を怠らない。

**惰性の先には失敗がある。
いつでもゴールを決められるように
準備をしておくことが大事かな。**

俺を超える存在

疑問⑮ 霜降り明星・粗品

ローランドクラスの100点の男って、世の中におんの？
そういうメインディッシュは。

元『おかあさんといっしょ』おねえさん・上原りさの恋愛相談（20ページ）を受けて、粗品が素朴な疑問をローランド先生にぶつける。

Beyond me
Roland says...

俺は、自分よりカッコいい人が嫌い。
だから世の中の俳優とか芸能人とか

全員大好き。

びっくりしたー!!
一瞬理解できひんかった！
粗品

思ってんのと全然違うのきた！
すっごい手品見せられた気分
アインシュタイン・河井

来世に賭ける瞬間

悩み⑯ アインシュタイン・稲田直樹

ローランド先生どうですか？
もし、僕と顔が入れ替わったら。

ブサイク無双のお笑い芸人・アインシュタインの稲田直樹が、ローランド先生に稲田ならではのとんでもない質問をぶつける！

Betting on the future life
Roland says...

そうしたら……。
ありとあらゆるボランティアをして、

徳を積んで、
来世に期待して、
死にます。

死ぬ!?
アインシュタイン・稲田

今世はあきらめちゃう!?
アインシュタイン・河井

贅沢するより大切なこと

経済誌『フォーブス』で「アジアを代表する30歳未満の30人」に選出されたdely株式会社の堀江裕介社長。ただ普段のたたずまいにはなにか問題があるようで……？

悩み⑰ dely株式会社コーポレート部・小林磨衣子さん（32）

『フォーブス』の表彰をされる場があったんですけど、社長が自宅を出る直前で自分がスーツを持っていないことに気づいて。ネクタイも持ってないし、結び方もわからないし、服装に無頓着すぎる。

Things that are more important than to live in luxury
Roland says...

俺もインナーとパンツがユニクロなんですよ。「全身ハイブランドじゃなくて好感持てますね」と言われるけど、ちょっと待てよと。

俺自身がブランドと考えたら、今全身ハイブランドだよ。

恩師の言葉なんですけど、「贅沢をすることは簡単。大切なのはお金を稼ぐ力よりお金を守る力である」と。

フェラーリを時速5㎞で運転してるようなものですからね。

（フェラーリ）早く行けよ！って思いました
オアシズ・大久保佳代子

時速5㎞やったらね……
粗品

あなたは髪を信じるか

悩み⑱『egg』モデル・まぁみ（高3）

エクステをつけるんですけど、髪を染めるのも中毒で。そのせいで髪がちぎれてハゲになってくるんですよ。

ギャル雑誌『egg』モデルたちのお悩みとは？ ローランド先生が、髪にまつわる悩みに神解答！

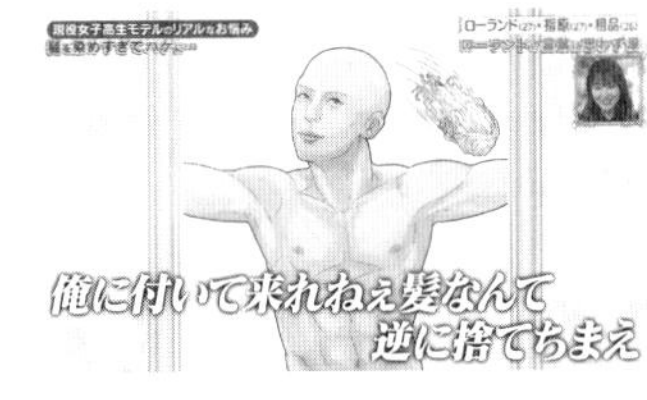

Do you believe in your hair?
Roland says...

俺も結構ブリーチしていて、周りの人に「ハゲますよ将来」って言われることある。俺の考えは、

俺についてこれねぇ髪なんて逆に捨てちまえ。

カッコいい！
まぁみ
ハゲるでほんまに……
粗品

フジテレビ入社5年目の宮司アナ。まず、ローランド先生のまぶしさにびっくり！ そして、長年の悩みであったSNSのある問題を相談する。

現代技術の限界点

悩み⑲ フジテレビアナウンサー・宮司愛海（入社5年目）

私、写真うつりが悪いんです。
インスタグラムにも「写真うつり悪いね」ってコメントがきて。
もともと自覚があったのもあって、改めて言われるとショック。
実際に写真も持ってきたんですけど……。

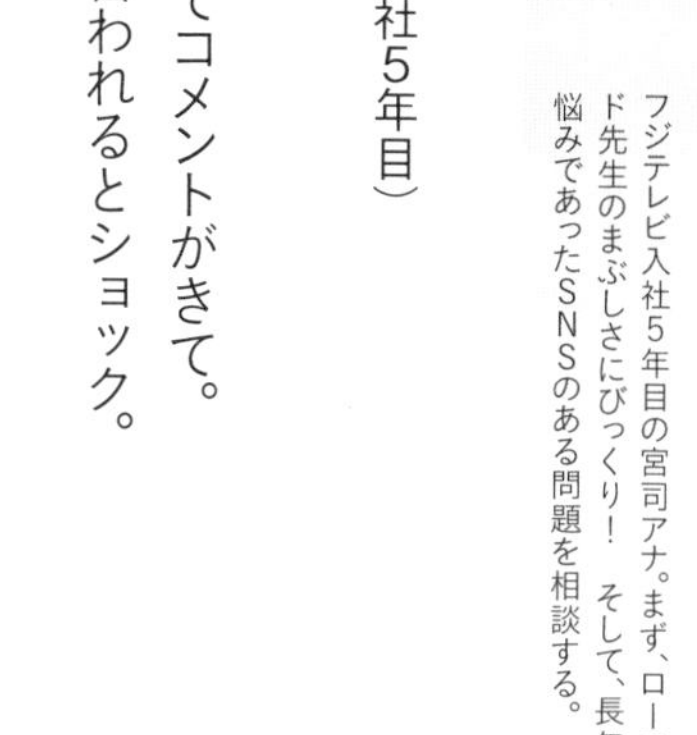

Limit of modern technology

Roland says...

（実際の宮司アナの写真を見て）
まあ、及第点なんじゃないですか（笑）。
俺も同じ悩みがあって。
自分もどっちかっていうと写真うつりがあんまりよくないんですよ。
そもそも液晶画面じゃ俺のカッコよさは伝わらない。

俺の見た目に現代技術が追いついていない。

だから今、技術の進歩待ち。
テレビの画面は、100点満点中5点ぐらい。
オンエア観たあと、クレーム言おうと思うぐらい。
なにが8Kだと（笑）。
宮司さんは実際おキレイじゃないですか。

「現代の液晶じゃ、私のよさを表現できないんで」

って言ってやればいいと思いますよ。

これで返信してみます！
宮司アナ

急にそんな返信来たら
「イカれちゃった」って
思われないかな……
三四郎・小宮

悩み⑳ 寝顔を諦めない

フジテレビアナウンサー・藤本万梨乃（入社1年目）

私の一番の悩みは「寝顔がかわいくない！」。
本当に冗談ではなく、
友人たちも口をそろえて
「他人の前では寝ないほうがいい」って言うぐらいひどくて。

フジテレビの東大医学部卒の新人・藤本アナ。その品行方正なたたずまいからは想像できない悩みが暴発！ ローランド先生もしばし絶句……。

東大医学部卒 新人アナの悩み
寝顔がブサイク
THE ODAIBA 2019
ひどいなぁ

Never give up on your sleeping face

Roland says...

まさかの百戦錬磨のローランド先生が！
三四郎・小宮

（寝顔の写真を見るなり）ひどいなぁ。
……しょうがないよね。
ちょっとキャラ変してサングラスキャラで
いってみてもいいんじゃないんですか。
俺もメディアに出るとき、サングラスをよくかけています。
定着してくると、失礼というよりか、これを含めての「顔」になる。
だから前につまんねぇＶＴＲでワイプ抜かれてるときに、
寝ていてもバレなかった。

俺は寝るときにも
カッコいい恰好で寝るようにしている。

常にカッコよくいたいという意識があるので、寝顔もたぶんカッコいいと思う。
だから、ちょっとオシャレなパジャマを着てみたり、
そういう努力をしてみたら……改善される……かもしれない……。

本音が……
宮司アナ

（もう一度寝顔の写真を見て）

怖いっすね……これ。

第3弾
放送

校外学習❷
〜家庭科〜

**体づくりを怠らない
ローランド先生が作る
ダイエット食を
大公開！**

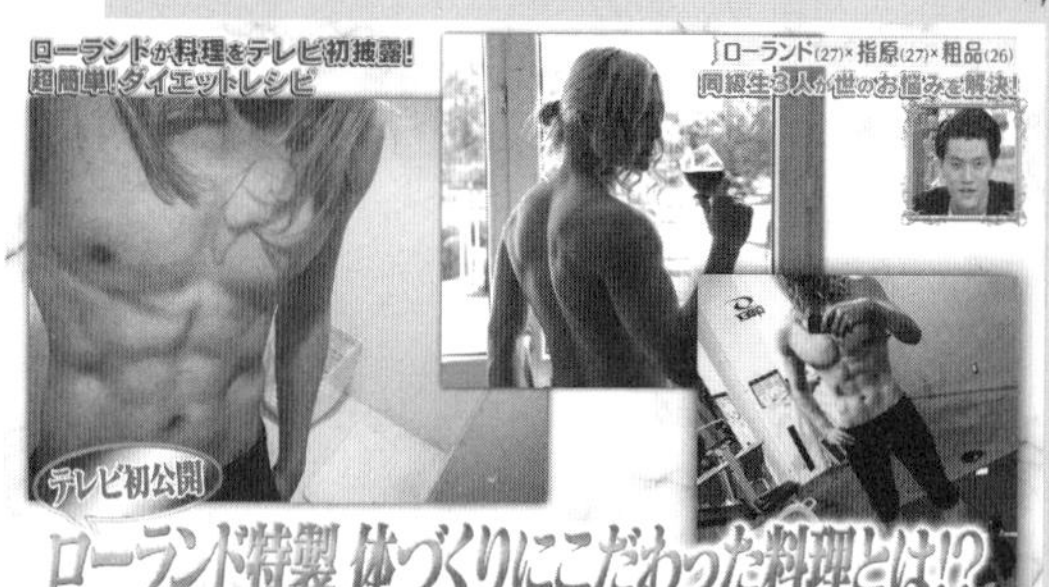

惚れ惚れするほど仕上がった先生の肉体。キープするには食事管理も欠かせません。そこで、先生が食べているスペシャルメニューをご紹介！

作ってくれたのは、タラのソテー。まずは、塩こしょうでしっかり下味をつけます。両面に片栗粉を軽くまぶしたら、中火で3分焼くだけ。

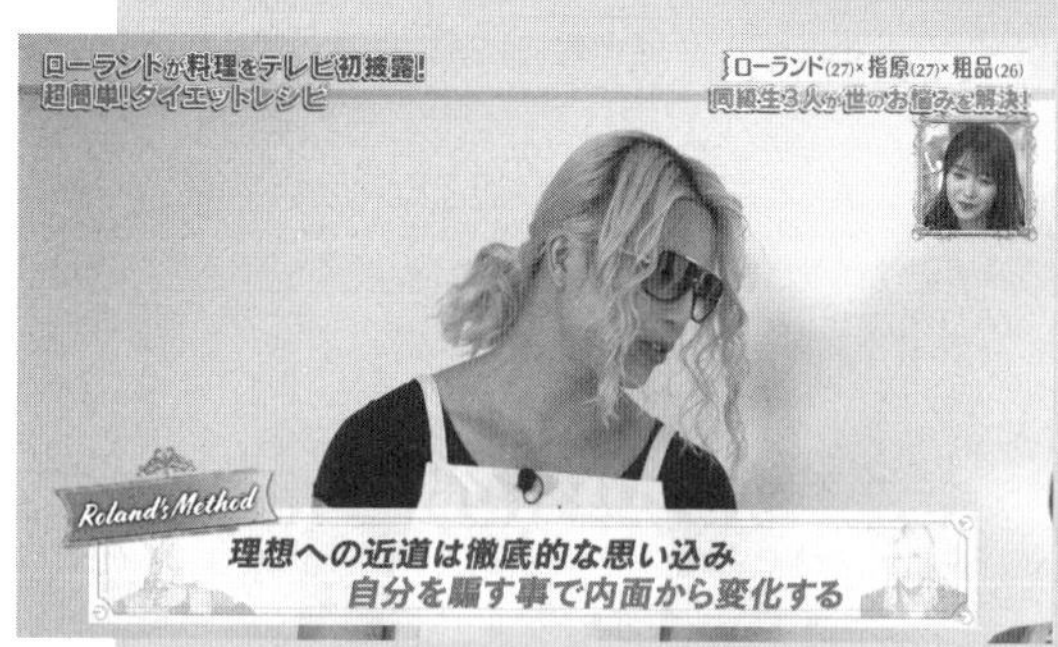

こだわりはステンレスのボウルを器にすること。体づくりの一環として、視覚的にもワイルドにして「自分は強い男だ」と強く思い込むことが大切。

野菜と一緒に盛りつけて完成した「ターランド」。さっぱりした味で、小倉優子や大久保佳代子、dely株式会社の堀江裕介社長たちも絶賛。

3時限目

生き方の授業

コンプレックスや人間関係の悩みは、
生きていれば尽きることがない。
くよくよ悩んで立ち止まっていても仕方がないから、
解決して少しでも前に進んでいくために
ローランド先生と一緒に
自身の「生き方」を見つめ直そう。

学歴コンプレックス

フジテレビの新人・藤本アナ。東大医学部卒で、事前にローランド先生の著書を読んで予習をしてくる、どう見ても真面目な性格だが!?

悩み㉑ フジテレビアナウンサー・藤本万梨乃（入社1年目）

会社に入って「東大」「東大」って言われることが多くて。「藤本さん」っていう見方をしてもらえないことに悩んでいます。お堅い見られ方をしたくないんです。

Education backgrounds and complexes
Roland says...

そもそも学校は俺にとって通うものじゃなく建てるもの。

俺は学歴を飛行機の座席に例える。
いい大学に行っている人はファーストクラス。
中卒はエコノミーシート。
でも目的地には結局着くから、行った先で何をするかが大事。
学歴は人生を決定づける大事なものではない。

※ローランド先生は実際カンボジアの学校に自著の印税を寄付して、感謝状を贈られている。

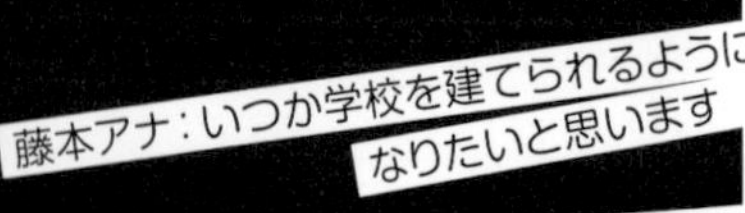

藤本アナ：いつか学校を建てられるように
なりたいと思います
三四郎・小宮：そういうことじゃないと思う！

承認と成長の欲求

一流ダンサーが指導する、経験者専門ダンススタジオ・DANCE WORKS。そこに通うイマドキ小学生の悩みとは!?

悩み㉒ DANCE WORKS・ひなのちゃん（小6）

私、有名になりたくて！
テレビ業界にも興味があって！

Desire for recognition and growth
Roland says...

有名になる人って、最初から有名になろうと思ってない。
目の前のことに誠実に向き合ったほうが、
結果的に有名になれると思う。

**まず目の前のことに
全力になってみたらいいんじゃないかな。**

有名になりたいとか、テレビに出たいとか、
そういったところで言えば、俺と結婚したら、明日号外が配られる（笑）。

パンサー・向井：ローランド先生みたいな旦那さんってどう？
ひなのちゃん：……
ローランド先生：今の間がちょっとね！
まあ、小学生にはロマネ・コンティより
コーラのほうが喜ばれるしね

ローランド号外
俺と結婚したら
明日号外が配られる

緊張との向き合い方

経験者専門のダンススタジオ・DANCE WORKSでダンスを学ぶキッズたち。小学生のリアルな悩みにローランド先生の回答は？

悩み㉓ DANCE WORKS・げんきくん（小6）

人生を生きていくなかで、
緊張することが多くて……。

緊張って苦しいかもしれないけど、成長痛みたいなもの。

緊張することは悪いことではなくて。
自分ができるかできないかわからない、
経験していないことにチャレンジしている証拠。

How you confront your feelings

Roland says...

いろんなことをたくさん経験してくると、
緊張できることが少なくなってくるから、

今その瞬間を
大事にしたほうがいい。
きっと成長している
瞬間だから。

まあ、
僕は緊張する側じゃなくて、
させる側だけどね。

げんきくん：今まで緊張することが恥ずかしかったけど、今の話を聞いて勇気が出ました
ローランド先生：頑張れよ！
粗品：いいね

大事な日の前の心構え

日体大女子サッカー部は、取材翌日に強敵である日テレ・ベレーザと対戦予定。そんな、なでしこたちにローランド先生が語るメンタル論。

悩み㉔ 日体大女子サッカー部・李誠雅（りそんあ）選手

明日大事な試合があるんですけど、相手がすごく強いんです。そういう強い相手にどうやって立ち向かうか、メンタルの部分を教えてほしいです。


さっき前回のベレーザ戦では6-0でワンサイドでやられちゃったって話を聞いて。前評判はベレーザなんだね。

俺が1個大事にしている考え方があって。

夢とか目標を宣言したとき100人いたとして。

そこで100人全員から「できない」とか「ムリ」って言われたら、

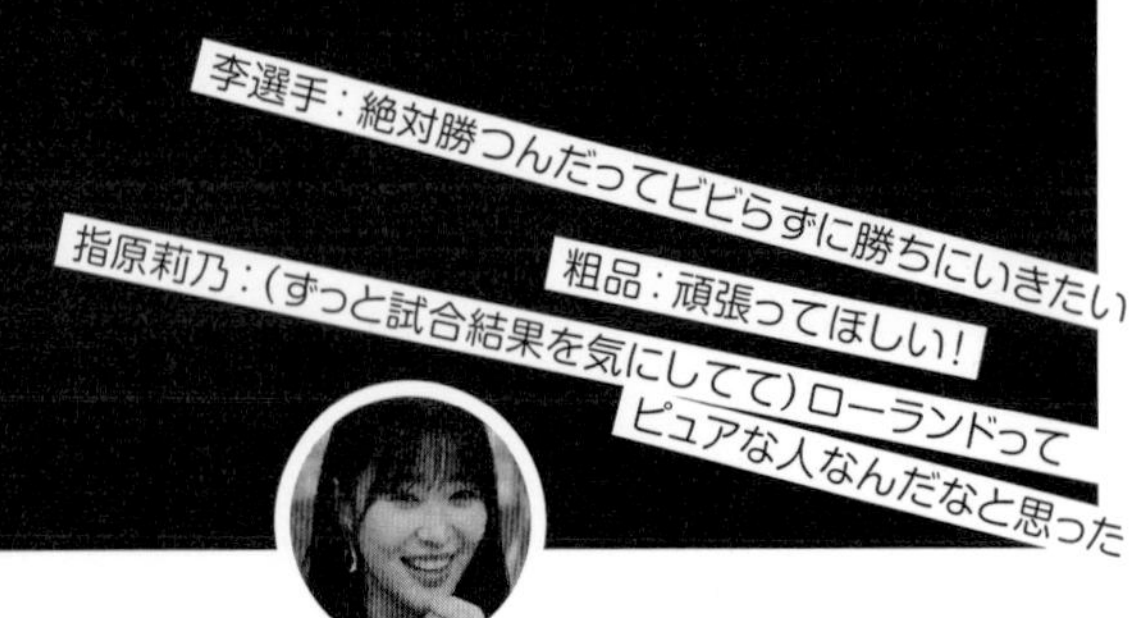

李選手：絶対勝つんだってビビらずに勝ちにいきたい
粗品：頑張ってほしい！
指原莉乃：（ずっと試合結果を気にしてて）ローランドってピュアな人なんだなと思った

How to be mentally prepared

Roland says...

その100人全員が間違っていたと証明すればいい。

明日の試合も前評判は100人中100人が
相手チームが勝つと予想していたとしても、
同じチームの自分たちは信じてほしい。
それで試合後、
100人に
「間違っていた」と
言わせればいい。

気にすべきは他人か、自分か

代アニロケでは、まるで校庭に犬が入ってきたかのごとく、生徒たちは大興奮。集まってきた生徒のなかから出てきた悩みとは。

悩み㉕ 代々木アニメーション学院声優タレント科・小黒さん(19)

歌の授業で、自分より上手な人たちがいて、どうしても周りの人を気にしちゃって、自分をアピールできない。

アニメ界を担う生徒のリアルなお悩み
周りの人の目が
気になり
上手くアピール
できない
声優タレント科
小黒さん(19)

Care about other people or yourself
Roland says...

解決策はひとつ。マラソンで目の前に人がいるのって、結局2番目以降の人。最前に立ったら、目の前に人はいない。

ずば抜けて1番になれば、周りは気にならない。

だからとことん1番になるしかないと思う。

ちなみに俺、七夕の短冊に「2番になってみたい」って書いた。けど、今んところなれないね。

粗品：なんや、その願い事

声優・松本梨香：ローランドがこんな素敵なことが言えるようになったんだなって思ったら目頭が……

YOU：親戚状態！

飲みニケーションは必要か

悩み㉖ EXIT・兼近

チャラ男として普段ポンポン言わせてもらってるんすけど、実はお酒が苦手で。飲み会で「楽しそうだな」って思っても、交じれない感じなんすよ。

ローランド先生からの差し入れに「女子だけじゃなくチャラ男の扱いもできちゃうんすね!」と大興奮のEXIT・兼近が人生相談!

Is drinking-communication necessary?
Roland says...

酒はその場を楽しむための必須ツールではないんですよ。肩の力抜いて、楽しむ気持ちが大事だと思う。いいデートの必須アイテムって、カッコいい車でも夜景でもなく、自分自身の存在。

酒に酔えないなら自分に酔えばいい。

手鏡をいつも持ち歩いているんですけど、

自分に酔って二日酔いとかありますよ。

EXIT・りんたろー。:出ました〜〜!
EXIT・兼近:次の日までいく!? 家でひとりで酔える!?
ローランド先生:そうですね、健康にもいいですしね

友達の本質

カリスマギャルのゆきぽよが持つ、イメージに合わない意外な悩みとは!? ローランド先生が真摯に名言で回答。

悩み㉗ モデル、タレント・ゆきぽよ

見た目もギャルじゃないですか。中身もギャルなんですけど。
ギャルだから友達多いって思われるんですよ。
でも、全然友達できない。つくろうと努力しているんですけど……。

そういう偏見は確かにある。
ただ、俺の場合は「ホストだから」って偏見が、
逆にプラスだと思ってる。
「ホスト＝何もできない」ってイメージだから、
ちょっとゴミ拾うだけですぐ好感度が上がったりする。

真面目な人たちだったら減点方式だけど、

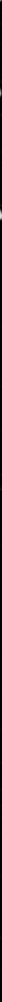

The essence of friendship

Roland says...

ギャルとホストは何をしても上がるだけの加点方式。

そこはポジティブにとらえたほうがいいと思う。
あと、ひとりでも友達がいたとして、
100人の顔見知りより
ひとりの親友がいる人生のほうが素敵だと思う。
数多く求めるより、量より質。
「友達が多い」って言う人、意外とロクなヤツがいない。

ひとりでも大切な友達がいますって人のほうが魅力的だと思う。

ゆきぽよ：めっちゃ響いた。量より質っすわ！

粗品：稲田さんは友達としてどうですか？

ゆきぽよ：稲田さんはいらない

名門フラダンス教室に通う、双子の子をもつ主婦の悩み相談。自身も双子であるローランド先生が、きょうだいゲンカについての相談に答える。

きょうだいゲンカは止めない

悩み㉘ フラダンス教室ナプア・田村さん(44)

中学生の双子の娘がいるんですが、毎日のようにケンカをしています。おそろいの服装を嫌がって、たまたま一緒になると「真似したでしょ!」とか……。

How to deal with sibling rivalry
Roland says...

僕も双子の妹とどっちが早く着替えられるかとかで争ってた。妹が「着替えなんて朝飯前」と言ってきたら、「俺は朝飯前どころか昨日の夜食後だから」って(笑)。両親は「好きなだけやりなさいよ」と。

そもそもケンカ自体が勉強法。

ケンカしないとわからないこともあるし、好きなだけやったらいいと思うよ。やるからにはもう、とことんやりましょう。

パンサー・向井：どんなアドバイスだよ！

着替えなんて
朝飯前どころか昨日の夜食後だから

親孝行、したいときは今

悩み㉙ DANCE WORKS・ひなたちゃん(小6)

お母さんを元気づけたい。
デザイナーの仕事をしていて、
忙しくて夜ご飯にヨーグルトしか食べてない。

ダンスを真剣に学ぶ、DANCE WORKSの小学生たち。家族思いなキッズの優しい悩みにローランド先生も……。

Giving back to your parents, now
Roland says...

自分の母もそうだと思ったけど、子どもが幸せそうなのが親にとっては一番。
ひなたちゃんの幸せが、きっとママの幸せだと思う。
ママが心配でひなたちゃんが元気なくなってたら、負の連鎖になっちゃう。
「私の幸せがママの幸せ」って思って
元気な姿を見せてほしい。
あとは、**ママがうちのお店に来たら**
すぐ元気になれると思うけど（笑）。

ひなたちゃんのママ：……ママ、行きたい！

パンサー・向井：娘にそんな耳打ちするのやめてください！

親子関係という人間関係

初めて交際した彼と結ばれ、妊娠・結婚し、8か月前に出産したばかりの女子高生の切実な悩み相談。ローランド先生が生徒の家族問題を優しくサポート。

悩み30 『eggg』モデル・せいな（高3）

私、子どもがいるんですけど。パパは妊娠が発覚したときに、初めて彼氏がいることを知って。でも反対もされずに気まずい感じで（会話が）終わってしまい、4か月間、話もしていなくて……。

俺もホストって仕事をするときに、
父親に大反対されて縁を切られて。
それでも夢だったから、家を出てホストになった。
1年ぐらいして父親に謝ろうと思って会いにいった。
そうしたら、
「俺が大反対して諦めるような夢だったら最初から叶わない。
お前を試したんだ。きっと叶えて戻ってくると思っていた」と。

A parent-child relationship

Roland says...

だから、会わなかったらすごい後悔していたと思う。
腹を割って話したらすごい怒られるかもしれない。
反対されるかもしれない。でもチャレンジして後悔はないと思う。

親と子の思いはすれ違う。
不仲なときほど、親には素直であるべき。

接客でもそうなんだけど、
会話するときに適切なタイミングは出会って何秒だと思う？
答えは1秒。
時間が経てば経つほど話せなくなるから、
出会って最初に声をかけるのが大切。

人間関係の構築に時間は必要ない。
出会って1秒ですべてが決まる。

粗品：パパはパパですごくつらいと思うよ。
子どもが急にできてつらいんじゃなくて、会話がないのがつらいですよね
せいな：話す勇気が出ました

第3弾
放送

校外学習③ 〜家庭問題〜

先生への相談を機に親子関係の修復を試みるせいなちゃん。結果は……？

妊娠を報告してから気まずくなってしまい、父と話すのは実に4か月ぶりだというせいなちゃん。父の帰宅を待つ彼女の表情からは、緊張が伝わってきます。

妊娠を報告したときのことを聞くと、親としての責任の重さを知っているからこそ、17歳で親になった娘への複雑な思いを語ってくれました。

まだ若い娘には10代のうちにいろんな経験をしてほしかったと本音を漏らす父。学業と子育ての両立で倒れないか心配していたようです。

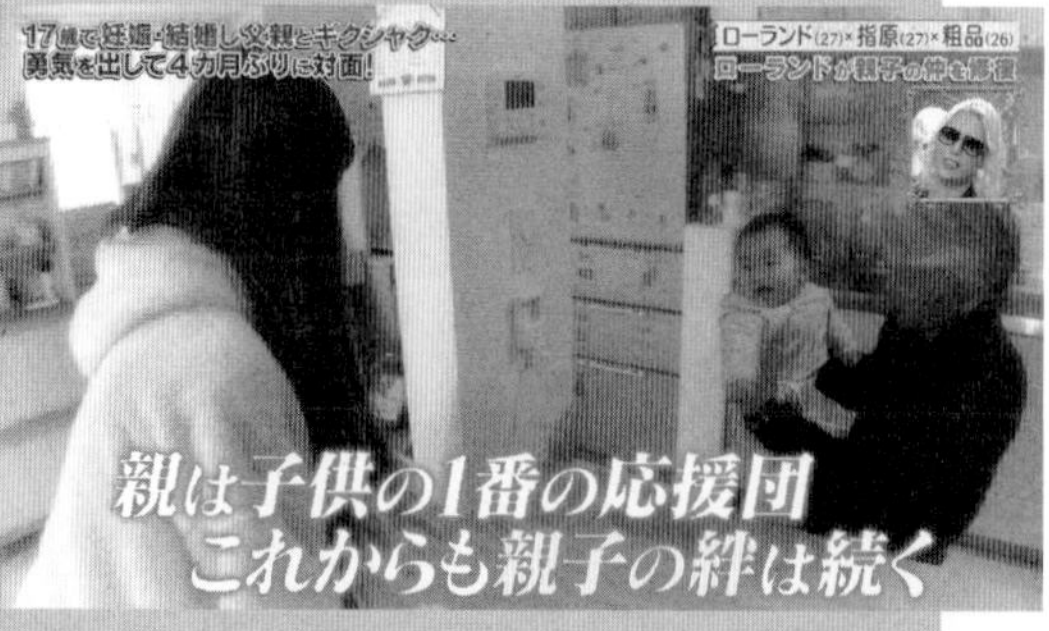

それでも、娘の努力を間近で見てきて、今では協力したいと思っていることを打ち明けてくれました。新たな親子の絆が紡がれた瞬間にスタジオの3人も感動。

4時限目

働き方の授業

お金、ステップアップ、好きなことをしていたいから……、
働く理由は人それぞれだけど、
一生懸命だからこそ悩みも多い。
仕事をするために生きているローランド先生の
言葉にはときに厳しくも「働き方」を
考え直すヒントがありました。

忙しいときこそ

悩み31 スフィーダ世田谷FC・石野選手(23)

普段仕事をしながらサッカーをしているんですけど、
時間があっという間に過ぎてしまって。
時間の使い方とかどうしたらいいのかなって。

女子サッカークラブ・スフィーダ世田谷FC。みんな仕事や学生生活を送りながらサッカーに情熱を注いでいます。そんな、なでしこならではの悩み。

あとは残像に働かせる

When you are busy
Roland says...

俺も現場がタイトで、大変なときもある。
だから俺は輝きまくって、2時間ぐらいで早上がりして、

あとは残像に働かせてる。

まあ、時間って待っていても絶対にできない。
一日が27時間になるわけじゃない。
自分で作り出す努力が絶対必要。

……輝けるように頑張ります　石野選手

困っちゃってるよ!　ゆきぽよ

名言が好きな人の特徴

カリスマ社長・堀江裕介の名言があまり理解できない様子の社員たち。同じ名言好きの社長であるローランド先生の見解は…？

悩み32 dely株式会社マーケティング部・栗原聖さん（24）

社長が自分で「堀江裕介名言集」っていうツイッターアカウントを作ってオリジナル名言を結構投稿してるんですけど、いまだに誰向けのメッセージかわからない。内容もイマイチ。

People who love saying wise remarks
Roland says...

俺もよくわからない名言で相手を困らせるのが楽しい（笑）。
「麻布十番も俺が行けば麻布一番だ」みたいな。
名言については俺の社員も（栗原さんと）同じこと思っていると思う。
でも、優れた経営者は言葉遊びを知っている。

言葉の力がない者に、経営の力などない。

みんなをハッピーにできる言い回しができれば
いい名言を言うクリエイターになれると思う。

クリエイターかよ！
粗品

ブサイクキャラで人気のお笑い芸人・アインシュタインの稲田直樹。相方の河井ゆずるが稲田についての悩みをローランド先生に相談！

男は顔なのか論

悩み33 アインシュタイン・河井ゆずる

相方の稲田が、この見た目で女グセが悪い。

〝女遊び〟の手前で行儀が悪いというか。

この前もファンの人にSNSで食事に誘われて待ち合わせをしたら、稲田は会うなり「食事よりホテル行きませんか?」って言ったんですよ。

ファンの人に手を出すのってどうなんですか?

A cool guy
Roland says...

俺が出すのは結果だけだから。

まあ、ポジティブなことはいいことで。
例えば、イタリア人は素敵な人に「素敵ですよね」
って言えるところが国民性で、よさだったりする。

男はハートが大事だから。

プレゼントもそうですけど、包み紙よりも中身じゃないですか。
包み紙は多少アレかもしれませんけど、
心のこもったプレゼントが入っていれば、俺はいいと思う。
……ちょっと、人が真面目に話してるときに変顔しないでくださいよ。

そうですよ、
変顔しないでください稲田さん
粗品

してないですよ！
「包み紙がアレですけど」っていうのが
ちょっと引っかかっただけで！
アインシュタイン・稲田

ホストになるためには

悩み34 EXIT・りんたろー。

このまま仕事がなくなっていった場合、
ローランド先生のお店で雇ってもらえるかな？って。
やっぱりホストは男前じゃなきゃダメなんですか？

お笑いコンビEXITのツッコミ担当・りんたろー。が、普段のチャラさとは打って変わって、深刻な面持ちで相談を始めるが……？

かねち（兼近）さんは、まあ働けるかな。
りんたろー。さんと今、しゃべっていると、ぶつかりそうになる。
顔面がすごい……機内持ち込みとかできるんですか（笑）。
お客様が飲みながら顔面をかわさなきゃいけなくなる。
採用するにもある程度のルックスの基準を設けていて。

りんたろー。さんが面接来たら「出口はあちらです」って――。

EXIT!
りんたろー。& 兼近

出口だけに、じゃないんだよ！
EXIT・りんたろー。

あざーーっす！
EXIT・兼近

ローランド流仕事観

悩み35 ポケモン声優・松本梨香

声優をしていて、
ポッと仕事が空いたときに何をしていいのかわかんない。

代々木アニメーション学院で講師を務める、ベテラン声優・松本梨香。幼少期のローランド先生を知る貴重な人物から語られる悩みとは？

休みの日にすることがない人は
仕事を楽しんで生きている証

Roland's method, how to work
Roland says...

それは仕事に生きてる証拠じゃないですか。
俺もそういうのあって。
仕事の合間で休みになると「何しよう」って感覚になる。
仕事って、大人の遊びだと思う。
逆に「休み欲しい」って言ってる人はかわいそう。
仕事があんまり好きじゃなくて、生きるために仕事しているんだなって。

俺らは逆で、
仕事が楽しくて仕事するために生きてる。

じゃあ、いいんだ！
松本

その状態が別に悪いことじゃないんですね
粗品

本当のリーダーシップとは

蓮舫議員の長男であるアイドル・村田琳。自身の芸能活動の悩みを、ローランド先生に相談。

悩み36 アイドル・村田琳

僕はVOYZ BOYというエンタメ集団に所属していて、4つあるグループのうち、ひとつのグループでリーダーをしています。※収録時点（2019年10月）みんなをまとめていかなきゃいけないんですけど、自分がどうやったら引っ張っていけるのかっていうことを聞きたくて……。

男は結果を見せないと
言う事聞かない

What is good leadership?

Roland says...

俺もホストクラブで働いていたんで、
男の子をまとめたりとか、
みんなを引っ張ることを実際にやってた。
そこで実感したのが、

男の子は結果を見せてあげないと言うこと聞かないんですよ。

逆にその背中さえ見せれば、
何も言わなくてもついてくる。
だから、
圧倒的な実力をつけるのが一番早い。
それができないなら、
リーダーは降りるべき。

粗品　わあ、ちょっと厳しいことも……

村田　……

個性の出し方、作り方

悩み37 アイドル・村田琳

自分にとって武器でもある母の蓮舫という存在。
それを活かしつつ、村田琳としてのキャラも残していかないといけない。
そんななか、今後どうやってキャラ立ちさせていけばいいんですかね。

二世タレントでもある、アイドル・村田琳が、二世としての苦悩をローランド先生に告白。個性について先生の持論が炸裂。

How to be an original
Roland says...

サッカーを例に出すと、子どもってオーバーヘッドとか
派手なことからやりたがるんですよね。
でも一番大事なのは基礎。
家だって土台を作って柱を立てて、最後に屋根を作る。
個性って屋根なんですよね。
まずしっかり基礎を固めること。
蓮舫さんの息子っていうことも個性のひとつだとは思う。
才能だと思って強みにするのもいいと思います。

ちなみにお母さんはアイドル活動に対してどう思ってるの?
粗品

背中をすごい押してくれていて。すごく応援してくれています
村田

じゃあ蓮舫さんをリーダーにすれば早いんじゃないの?
ローランド先生

個性きつすぎますって、リーダーの!
アインシュタイン・河井

親の存在が大きければ――

質問38 霜降り明星・粗品

ローランドは
親の七光りっていうものについては、
どう思っているの?

村田琳の悩み相談を受けて、粗品が親子関係についても質問。父親が有名ギタリストでもあるローランド先生は……?

Riding on a parent's coattail
Roland says...

俺も実は親がミュージシャンで。
影山ヒロノブさんっているじゃないですか。
『ドラゴンボール』の曲を歌っている。
その方のバンドのギターを弾いているんですよ。
それはそれでひとつの個性だなって思って受け入れてます。

でも、その主語を自分に変える努力はしようって。
今じゃ父親が「ローランドの親」でしょ?

カッコいい〜!
ゆきぽよ

一番適正な方に質問できてうれしい。
ありがとうございます!
村田

理想のしかり方

悩み39 フジテレビアナウンサー・宮司愛海（入社5年目）

後輩の仕事を見ているといろいろと思うことがあるんです。でも、自分のやり方は必ずしも正解ではないし……。変に口出しをしたらダメになるかもと思うと、後輩のしかり方がわからない。嫌われるのがイヤなのかもしれない……。

話すことが職業のフジテレビ宮司アナ。ローランド先生を前に、ガチガチで言葉が出てこない！　そんな宮司アナの仕事の悩みとは？

NOと言えない人のYESに
価値はない
ダメなものはダメと
しっかり言うことに価値がある

How to discipline
Roland says...

気になるのは「人に嫌われたくない」ってところ。
俺も今までいろんな先生や、指導者に出会ってきました。
振り返ってみると、印象に残っていたり感謝している人って、
意外と怒ってくれた人だった。
過去は美化されるもので、
当時は「なんでこんな厳しいこと言うんだ」って思っていたんだけど。

NOと言えない人のYESに価値はない。

全部「いいよいいよ」って言っている上司の「今日頑張ったね」って言葉より、
「ここは直したほうがいい」って言ってくれた人の
「今日頑張ったね」のほうがうれしいじゃないですか。
ダメじゃないヤツは、言われたことはちゃんと自分なりにかみ砕いて実行する。
言われた通りにしかできないヤツは、結局ダメになっていく。
自分が口を出したらダメになるとか、心配をする必要がもともとない。

なるほど……
言葉が出ませんね……！
宮司アナ

カメラ回ってますよ！
三四郎・小宮

理想の褒められ方

入社1年目のフジテレビ・藤本アナ。東大医学部卒＋几帳面という真面目な藤本アナの、新人らしい仕事の悩みとは？

悩み㊵ フジテレビアナウンサー・藤本万梨乃（入社1年目）

先輩が優しすぎることで悩んでいます。
新人の仕事っていうのがアナウンス室にはありまして。
先輩が手伝ってくれたり、丁寧に指導してくれたり、収録後も褒めてくれます。
でも、完璧なんてないと思うので、悪かったところを言ってほしい。

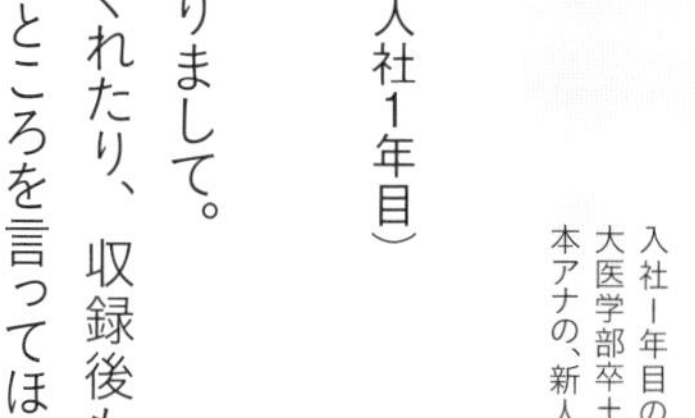

Getting praised

Roland says...

人生をうまく生きていくために、ひとつコツがあって。

それは「褒め言葉を額面通りに受け取る」っていうこと。

「かわいいですね」「素敵ですね」って言われて、「なんかこの人企んでるんじゃないかな」とか「裏があるんじゃないかな」って、褒め言葉を受け取らない人が多い。それって、すごく人生を損している。結局相手が何を考えているかなんて、死ぬまでずっとわからないんですよ。だったら額面通りに受け取って、生きていったほうが絶対に幸せ。「優しすぎて困っています」じゃなくて、額面通りに受け取って「ありがとう」って素直に返す。そのほうがエレガントじゃないですか。

藤本さんの悩みなのに宮司さんがずっとすごいうなずいてる
三四郎・小宮

ずっとローランド先生のこと見てる……
藤本アナ

第4弾 放送

校外学習④ ～人間力テスト～

数々のお悩みを解決に導いてきたローランド先生。先生自身の人間力を検証しました!

ローランド先生。
ローランド・粗品・指原が
一流人間力テストにチャレンジ!
本当に
スゴイのか!?

名門ホテル・星野リゾートでおもてなし力をチェック。テスト内容はチェックイン対応とお食事の配膳で、新人教育も担当する渡邉先生がジャッジ。

チェックインでは騒ぐお子さんを静かにさせるため、ただしかるのではなく「ホテルのリーダーを任せる」と伝えた先生。相手を子ども扱いするのではなく、責任感をもたせることで態度を変えさせた。これは大人にも通用するテクで、ホストクラブのスタッフにも使っているそう。

ローランド先生。
ローランド・粗品・指原が
一流人間力テストにチャレンジ!
一体どうなる!?

同級生の粗品、指原とともに一流企業の採用面接に挑戦! 一筋縄ではいかない質問にどう答えたのか、3人の発想力が試される……!

一流発想力テスト② 航空会社CA
Q.緊張してる他の応募者を楽しませて
ローランドvs粗品vs指原
合格するのは誰だ!?
俺がビバリーヒルズから来た
ディラン・マッケイだ

「緊張しているほかの応募者を楽しませる」という要望に対し、ディラン・マッケイのモノマネを披露した先生。粗品は変顔をして見せ、指原は言葉で緊張を和らげようとして、2人から「置きにいった」とツッコまれていました。

未来がまぶしすぎて見えない

悩める人々に贈る言葉

お悩み相談以外で飛び出した
名言を一挙にご紹介！

妥協するくらいなら付き合わなくていい

デートはするけど、特定の彼女はいたことがないという先生が彼女をつくらない理由。

俺がいるところがセンター街だから

粗品にセンター街の説明をしたときに出た一言。先生がいる場所が世界の中心です。

俺が下向くのは出勤前に靴履くときだけ

考えても落ち込んでも仕方がないという、つねに前向きな姿勢が表れている名言。

甘い言葉を言いすぎて虫歯になりそうだから全部歯もセラミックに変えた

先生は女性をとびっきり甘やかしたいタイプ。セラミックは、自ずと紡がれる甘い言葉対策です。

お菓子作りみたいな感覚で歴史つくっちゃう

歴史をつくると聞くとすごく壮大な話に思えますが、ローランド先生の趣味のお話です。

努力しているヤツが偉いんじゃない。正しい努力をしているヤツが偉い

スタッフにも伝えている言葉。努力は裏切らないけれど、内容と方向が大切です。

先の見えちゃってる人生のほうがよっぽど怖いなって

先生が大学を初日で自主退学した理由。
どこまでいけるかわからない
人生のほうが楽しい。

ローランド先生の新ことわざ辞典

昔からの言い伝えや教訓を含んだことわざを、「これではものたりん！」と先生が再生。さらにポジティブに生まれ変わりました！

●【塵も積もれば山となる】

塵なんて積もらせない。山を積もらせる

コツコツと積み重ねる努力を否定するわけではない。
でも、塵も積もればなんて悠長なこと言ってらんない。
俺クラスになると、山を積もらせちゃうからね。

●【一石二鳥】

一石二兆

ひとつの行為からふたつの利益を得る？
俺が動けば二兆だよ。

●【明けない夜はない】

明けない夜はないと言う暇があるなら俺は東へ行く

ポジティブな意味の言葉だと思うのだけど、
俺には「待っていれば、いつかきっといいことがある」とネガティブに聞こえてしまう。
「この苦境を耐えよう」ではなく、俺なら今すぐ自分で動きだして、太陽に会いにいく。

●［去る者は追わず］

去る者追い越す

「去る者は追わず」には、
その相手のことを無理やり記憶から抹消し、
平常心を保とうと意固地になっているような印象を受ける。
「追い越す」なら、去っていった相手への未練や執着を素直に認めつつ、
それでも前を向いてがむしゃらに頑張ってやろうじゃないか！ となる。
大きな失恋をしてどん底にいる人に、
かけてあげたい言葉です。

●［押してダメなら引いてみろ］

押してダメなら上げてみる。俺は上昇志向だから

手を替え品を替え、あれこれ工夫するのも大事だけど、
俺に「引く」という概念はない。
ただ、突き上げていくのみ。

●［豚に真珠］

君にローラン

価値のわからない者に高価なものを与えても無駄。
もしあなたが誰かに心ない批判をされたときは、
このことわざを教えてあげるといい。
その人の価値をしっかり見つけられないヤツの
言葉なんか聞かなくていい。
自分を信じる、それに尽きる。

●［Time is money.］

俺 is money.

説明不要！　俺のこと見てればわかるでしょ。

92年度組 タメ口(ぐち)同窓会

番組での共演をきっかけに距離を縮めた ローランド先生・粗品・指原。 第3弾の放送では、まるで同窓会で久しぶりに 再会したかのように会話が弾んでいたので、ここで公開。 同級生芸能人から3人へお悩み相談も! ※粗品と指原の似顔絵は、ローランド先生の直筆です!

(ローランドと)番組で一緒になって、かなり印象が変わりました。ちゃんと考えて名言を言ってるんだなって。あの言葉には中身があるんだって実感しました。そして、すっごい、いい人でした! 業界の中で、あんないい人珍しいですよね! 人に感謝されることが好きで、向上心があって、すごくピュアな人なんだなって、ビックリしました。同級生と仕事できたのも、新鮮で楽しかったです。

やっぱ、ええやつですねローランドは。純粋なんですよね、ああいう見た目のくせにちゃんとしてるのはええギャップですよね。尊敬します。同級生3人でしゃべってると、恥かしいですね(笑)。クラスで言うと一番イケメンと、一番美女、そして僕っていう組み合わせが! 途中「顔長い」とかも言われたし。あと、さっしーもイカぐらい賢い。人間の次に地球を支配するといわれているイカぐらい賢い。

指原莉乃

1992年11月21日生まれ。AKB48の5期生としてデビューし、2019年にHKT48を卒業。さまざまなバラエティ番組で活躍しながら、アイドルのプロデュースも行っている。

粗品

1993年1月7日生まれ。お笑いコンビ「霜降り明星」のツッコミ。『M-1グランプリ2018』で優勝し、注目を集める。芸人だけでなく、MCとしても活躍の場を広げている。

オープニングトーク

粗品:この3人なんですけど、同級生なんですよね。

ローランド先生(以下、**ロー**):まさかだよね。

粗品:今日はせっかくだから3人ともタメ口でいってみてもいいですか、さっしーさん。

指原:いいんですか?

ロー:よろしくね(握手)。

指原:ありがとうございます! 今テレビって高齢化が進んでおじさんしか出てないから。

ロー:我々フレッシュな面々で盛り上げないと。

粗品:いやー、いい3人だと思いますよ!

ロー:俺、さっしー観ててすごいなと思ったのが、何言っても嫌みに感じないし、何しても好感度落ちないなって。

指原:え、うれしい! ローランドさんは、最近存在として林修先生みたいな。**特番組みやすそうな感じの。**

一同:(笑)。

指原:そういうキャッチーな感じがする。

ロー:粗品は、最近忙しいもんね。

指原:22時(から放送)の番組、25時半に撮ることなんてないですよ!

(注:第3弾は深夜の収録でした)

粗品:確かに、ちょっと深いな……!

ロー:でも、俺は暇な男に興味ないから。**暇な男にMC任せたくない。**

粗品:早速ぅ!?

代々木アニメーション学院VTR後

(※56ページ参照)

粗品:マラソンのたとえの「自分がずば抜けて1番になれば~」ってやつはよかった。

ロー:周りが気になるのって、直らないと思うから。エゴサとかする人いるじゃん。俺は一切しない。叩かれて悩む人もいるけど、掲示板とかSNSがなかったとしたら、叩く人は火山と一緒でどこにも発散できないだろうから、**俺はひがんでる人とかに刺されて今頃生きてない。**噴火しないようにうまく発散してるから、芸能界で健康に生きていける。

指原:粗品はエゴサする?

粗品:する。ひとりにも嫌われたくないと思ってまうな。

ロー：無理でしょ！

指原：かわいい。

ロー：絶対無理だよそんなの。サッカーでもレアル・マドリードっていうチームがあって、めちゃくちゃ強くて完璧なチーム。それですら「強すぎて嫌い」とか「地元じゃないから嫌い」とか、よくわかんない理由で全員が好きってわけじゃない。完璧だからって好かれるわけじゃないんだから、しょうがないかなと。

指原：ちょっと待って……。（ローランドの）**日めくりカレンダー欲しい！**

dely株式会社VTR後

（※48ページ参照）

粗品：料理すんねや。

ロー：たまにね。

粗品：なんでもできんな、ほんまに。

ロー：まあね。

粗品：さっしーは料理とかすんの？

指原：うーん……しないですね。でも好きな人がいればします。

粗品：得意料理とか、好きな男の人にふるまうとしたら何？

指原：ちょっと待って、そんな**しょうもない記者**みたいな……。

粗品：誰がや！

日体大女子サッカー部VTR後

（※54ページ参照）

粗品：いい番組ですね……！

指原：ローランドはほんとにピュアな人なんだなって思った。いい人。

ロー：教えたことをみんなが踏まえて、ちょっとでも進歩してくれて

たら、やっぱりうれしい。最近お金もらうことよりもホストとしてお客様とかに「人生が前向きになった」って言われたほうが、うれしくて。

同級生芸能人からの相談

粗品：さて、今回我々3人と同級生の各界のスターの方からも「同級生として聞いてみたいこと」を頂戴しました。

ロー：誰だろう、**セレーナ・ゴメス**？

粗品：いやいや、おるけど（笑）。

指原：それ、VTR来たらひきませんか？　大物すぎて。

ロー：ネイマールも同い年だから。

指原：えっ、ネイマールってタメなんだ。すごっ！

粗品：あれタメやねん。

ロー：やっぱ当たり年なんだよな。

本田翼 ビデオメッセージ

やっほー！　ローちゃん、さっしー、粗品。本田です！　ばっさーって呼んでね。私たち今、26歳27歳だと思うんだけど、そろそろさ、お仕事のことも、私とか20歳ぐらいの頃から女優さんって仕事をさせてもらってて、やっと気持ちが追い付いてきたなって感覚がある。で、30歳になったとき、自分はどんなことをしてたいかとか、こういうこと始めてみたいなとか、今後の仕事への展望というか考えみたいなのがあったら教えてほしいなあ。私はまだ考え中です。

（女優・本田翼）

指原：ばっさー！

粗品：30歳になったら何してんのかな。ローランドの気になるな。

ロー：俺はもう、なんでサングラスしてるかっていったら、**未来がまぶしすぎて見えないから。**

一同：（笑）。

ロー：「30歳になったらこうやって、40歳になったらこうなってるんだろうな」って、わかってしまうよりも**「どこまでいけるんだろう自分」って人生のほうが楽しいと思う。**

指原：でも、ばっさーもローランドも成功してるからそう言えるかもしれないけど、今の段階で不安を抱えてる同世代はどうしたらいいの？

ロー：成功するしないは別にして、俺は大学を初日にやめてるのよ。なんでかっていったら、入学式でパッと周りを見て、こいつらがだいたい2年生ぐらいになったら就職活動して、初任給で20万ぐらいの給料もらってって想像したら、人生の先が見えちゃったなって思った。それが怖くて。「先の見えない人生は怖い」って、みんなに言われてたけど、俺からしたら、**先の見えてる人生のほうがよっぽどこええなって**。見えないほうが楽しいと思う。

指原：なるほどね。

粗品：さっしーは30歳のとき、何してるん？

指原：本当に、ない。それこそ、今では見えてないことを楽しんでるかもしれない。でも、テレビ出ずに稼ぎたい。ほんとに会社とかやってみたい。

ロー：いいと思う。**まず法人登記の仕方から教えてあげたい。**

指原：教えてほしい！

きゃりーぱみゅぱみゅ ビデオメッセージ

ローランド、さっしー、粗品～、きゃりーぱみゅぱみゅだよ～！　みんな同い年～！　私はけっこう食べ物の好き嫌いが偏ってて、お寿司屋さん行ってもどうしても玉子とか頼んじゃったりとか。あんまり「おとな」っていう食べ物が食べれなくって。いまだにビールも飲めないし、コーヒーも苦いなと思っちゃってる。みんなは27歳になる前に、食の好みがおとなになったかどうか知りたいな！（アーティスト・きゃりーぱみゅぱみゅ）

粗品：ローランドは食の好み、変わります？

ロー：いや、俺も寿司屋でサビ抜きだから。

指原：私はおとなになってからなんでも食べれる。変わったんだと思う。

ロー：ちっちゃい頃に思い描いてた27歳って「すごいおとなだな」って感じてたけど、実際27歳になってみると「こんな感じなんだ？」って。それと、「社長」って呼ばれたときにおとなになったな、成長したなって思う。

指原：ウソ！　ギャグみたいじゃない？

ロー：会社の意思決定をしたりとか、従業員の評価を決めたりするときに「俺、ちょっとおとなになったかな」って。

粗品：何歳になったらホストやめるとか決めたりしてるの？

ロー：**俺、一生やりたい。**

粗品：俺も漫才はやめへんかな。漫才で始まったから、歳とってもやっていきたい。

ロー：俺もホストで始まったからホストで終わりたい。

指原：でも、**私速攻でステージ捨てた**（笑）。

一同：（笑）。

霜降り明星・せいや ビデオメッセージ

どーもー！　ローランド、さっしー、

粗品。同級生のせいやで～！　3人はジェラシーとか感じることある？　コンビ格差。Twitterとかでも、粗品と僕の反応が全然違うんですよ。競馬の予想とかしても、粗品は「粗品さんすごい！　私もその予想乗ります！」なんだけど、僕が予想したときは「なんでお前が予想してんねん」「お前が走れや！」って。そういう嫉妬とかないですか？　これもそうや！　ローちゃん！　俺も呼んで！（霜降り明星・せいや）

ロー：ジェラシーか。難しいね。この前、リアルに同世代に有名な人って誰がいるんだろうって調べたことがあって。そうしたら、1個上の代で圧倒的な知名度を持つカリスマがいて。

指原：誰？

ロー：**マスオさん。**『サザエさん』の。

一同：（笑）。

ロー：「1個上なんだ！」って。

粗品：マスオさん28歳なんや！　見えへんな。

ロー：ちょっと悔しいなと。

指原：来年タメなんだ。粗品はジェラシー感じるの？

粗品：うーん、けっこう感じるかな。

指原：芸人さんでは？

粗品：芸人ではあんまおらんかも。

指原：同世代で1番ですもんね（笑）。圧倒的に（笑）。

粗品：その顔。その顔やめて！

指原：『アメトーーク』深夜まで撮って、ここに来るんだもん。

粗品：たまたまやって！

指原：この収録、時間は粗品さん合わせですもんね（笑）。

ロー：**俺、誰か待ったのスプラッシュマウンテン以来だからね**（笑）。

粗品：やかましいわ！

『egg』モデルロケVTR後

（※64ページ参照）

粗品：どうでした？

ロー：いやあ、普通に感動した。いい話。あれきっかけで話してくれて、俺は普通に怒られるだろうなって思ってた。実際見たら『egg』買っててくれてたとか、やっぱり親ってそういうもんなんだなあ……。**あれ、こういう番組だったっけ、これ!?**

一同：（笑）。

粗品：そういう側面もあんのよ！　まあ、父ちゃんもちゃんと考えてくれてたっていうのが、ちゃんとわかってよかったな～。

エンディングトーク

粗品：今回はどうでしたか？

指原：同世代で集まることってないじゃん。年上の方としか基本仕事しないから、すごく新鮮だった。「3人、けっこうよくない？」って思った（笑）。バランスよくない？

ロー：なんか居心地がいい、ここ。

粗品：たしかに、この3人ええな。……音楽とかもやりたいな！

指原：じゃあ、**みんなでFNS（歌謡祭）出ようよ！**

粗品：いいね！

ロー：うちの父親に、後ろを弾かせてね。

指原：サイコーじゃん！

粗品：最後にローランドに聞きたいことはありますか？

指原：私は今、肩書がないんですよ。これまでは「アイドル」だったけど、AKBとかHKTのみんなは卒業して「女優」とか「モデル」とか肩書があるけど私はなくて。肩書が欲しいなって。

粗品：付けてあげてよ。

ロー：……**「ローランド補佐」**。

一同：（笑）。

指原：ええー！

粗品：決まりました「ローランド補佐」で！

指原：ねえ3人で頑張ろうって言ってたのに、**私補佐なの!?**　悲しい！

land

おわりの言葉

特別授業も一段落した先生が授業にかけてきた思いや数々の名言の裏に秘められた熱意や美学を熱く語る。

冒頭でも述べましたが、正直、ここ最近はテレビ出演に対する興味が少し薄れていました。自分の事業が忙しくなったことが大きな要因ですが、テレビ番組は、あらかじめ用意されたものをこなしていく要素が大きいと思っていたからです。

しかし、『ローランド先生』はせっかくの冠番組ということもあり、スタッフと試行錯誤しながら意見を出し合い、一緒になって作り上げている感覚が強いんです。ただのお悩み相談だけではつまらないので、料理をやったりサッカーをしたり、自分が生徒となって高級ホテルでのおもてなしを教わったりと、僕から提案したこともたくさんあります。そうこうしているうちに、最初はリムジンだった移動手段も、次はヘリコプターになりました。そういうぶっとんだ感じも、僕らしくて気に入っていますね。

番組のなかで印象に残っていることはたくさんあります。まずは、第2弾のダンススクールでの出来事。小学6年生くらいの男の子から「どうやったら緊張しなくなりますか?」という質問を受けました。その子は自分が緊張しやすいことをすごく悩んでいたのですが、僕が

「緊張は成長痛と同じ。緊張しているのは、自分が成長している何よりの証拠」

と言った瞬間、表情が明るくなって何かをつかんだ顔をしたんです。小さいことかもしれませんが、僕の一言が彼の人生に少しでもプラスの影響を与えられたなら、こんなにうれしいことはありません。今はどうしているんだろう? 頑張ってくれていたらいいな。

ロケでの思い出といえば、第2弾で披露したオーバーヘッドキック。あれは、本当にその場のムチャ振りでした。もともとやる予定はなかったのですが、サッカー女子たちから「オーバーヘッドキックをやっているところを見たい」と言われてしまって。女の子からお願いされたら断れるわけありません。やってみたら、一発でキレイに決まって。放送を観た人は何テイクか撮ってたんじゃないの?と思うかもしれませんが、あれはガチで1回です。

僕ができないことは、世の中の女性を悲しませることくらい。

忘れてはならないのが、第4弾の「おもてなし対決」と「企業面接」です。僕は自分でも採用活動や人材育成をしているので、コミュニケーションには自信があったのですが、それでもすごく勉強になったと思います。

「おもてなし対決」では、高級ホテルのロビーで騒いでしまうお子さんへの対応力テストがありましたが、僕は、とくに男の子には「ああしろこうしろ」と強制してはいけないと考えています。例えば、部下にもっと痩せてほしいと思ったら、「ジムに行って痩せてこいよ」と言うより、アクション映画を1本観せたほうが、自発的にジムに行くのではないでしょうか。つまり、部下には口うるさく説教するより、強い背中を見せて憧れてもらうほうが、自然と行動に移させることができるというわけです。

そんな僕の教育理念は、カッコいい姿を見せ続けることと、愛情を持つこと、このふたつです。非行や過ちを抑制するのは恐怖や暴力じゃなくて愛情。「あいつに逆らったらぶん殴られる」と思われるよりも、「あの人を悲しませたくないから悪いことはしない」と思われるほうがいい。だから僕は、よこしまな気持ちがよぎったときに「これをやったら社長が悲しむ」と想像してもらえるくらい、部下のことを大事にしています。

そんなに愛情をかけられる部下を、どうやって見つけてくるのかって？　ポイントは……とくにありません。

僕が採用で一番大事にしているのはフィーリングです。身長は何センチ以上で、体重は何キロ以下、清潔感があって……というチェック項目であれば、AIにだってできるでしょう。しかし僕が大事にしているのは、数値化できない空気感。アバウトに聞こえるかもしれませんが、僕自身の直感を信じて採用活動を行っています。

ちなみに、この番組では僕が先生としてお悩み相談に乗っていますが、僕自身には師と仰ぐような特定の人物はいません。今までの人生、誰かから習うより自分で学んできた部分が多かったですし、探せばいろいろなものが「先生」になります。むしろ、誰かひとりを師として崇めるとその人の模倣にしかならなくて、オリジナリティが失われてしまう。もちろん、尊敬している人はいますが、あの人みたいになりたいと思ったことはないです。

僕より能力が高い人や金持ちはたくさんいることもわかっていますが、それでもやっぱり僕は僕がいい。

なんでこんなに自己肯定感が高いのか、これはもう生まれながらのものとしか言いようがありません。釈迦は生まれると同時に「天上天下唯我独尊」と喋ったらしいですが、僕の場合は

歩くと同時に自尊心を持っていました。

こういう性格だったので、学生時代は周囲の生徒や先生と馴染めないこともあって……。小学校のときはみんなと同じものを食べるのが嫌で、給食の時間が苦痛でした。銀色のステンレスの皿に配膳された食事が餌のよう

に見えたんです。その頃から、僕は「絶対ほかのヤツらと同じようにはならない!」と強く心に決めていました。

学生時代を思い返せば、今〝名言〟と呼ばれる僕の言葉は、高校生の頃から確立されていた気がします。世界史の教師から「お前本当に世界史できねぇな」と言われたときも、「いや先生。歴史って、勉強するものじゃなくてつくるものなので」と答えていたので。世界史といえば、世界史のテストで僕のクラスだけ平均点がめちゃくちゃ高いことがあって。そのときの僕の席の位置が前のほうだったので、

「歴史は僕の背中に書いてある」

「みんな僕の背中を見て解答したから平均点が上がった」

と言ったこともありましたね。

こんな僕ですが、実の父親からは多くの教えを受け継いでいます。番組のなかでも登場した「褒め言葉を額面通りに受け取る」という言葉は、父親から伝授されたものなんです。相手の褒め言葉に下心があるのか、お世辞で言っているのか、そんなこと考えたって一生わからない。ならば、素直に「ありがとうございます」と返すのが一番だと思うので。

今後の番組での目標は「海外進出」。そもそもホストが地上波で冠番組を任せてもらえること自体が珍しいことなわけですから、だからこそ逆に視聴者のみんながあっと驚くようなことに挑戦して、第七世代の芸人としてみんなを楽しませたい……って、これは冗談です(笑)。でも、番組を通して今後の未来を担う若い世代に伝えたいのは、何かを学ぶときは、受動的ではなく、つねにアンテナを張って自分から学びにいってほしい、ということ。『ローランド先生』という冠番組を持っておいて矛盾しているように聞こえるかもしれませんが、何かを学びたかったら「先生」と呼ばれる存在から教えてもらうのを待つのではなく、自分から動いてほしいです。僕は、そういうやり方でここまでやってきたので。

「俺か、俺以外か」という座右の銘の通り、僕はこれからも僕だけの人生を発信し続けていきたいと思っています。

追伸　2020年7月9日、僕は「THE CLUB」の閉店を発表しました。

まず、僕が一番情熱を感じる場所はホストクラブであり、それは今も昔も、そしてこれからもきっと変わることはないでしょう。だから僕にとってこの判断は苦渋の決断であることは間違いない。当然悲しさや無念さと

Roland

いった気持ちもある。ただ心配しないでほしい。ローランドという人間は諦めが悪いんです。そして負けたまま終わる性格なんかじゃない。もちろん、これが原因で暗い顔をしながら生きていくなんてこともしないです。いつの日かの再開を夢見て、僕は今の物件を解約せず家賃を払い続けることに決めました。

新型コロナで世界が混乱している昨今。どんな判断が最適で正解なのかはきっと誰にもわからない。

だからこそ僕は、僕の中での正義を貫くだけなんです。

この決断の理由は、新型コロナの感染リスクがあるなかで、お客様に心から楽しんで来てもらうことは不可能である。また、スタッフたちの安全を100%保証して「THE CLUB」を運営することは不可能である。そう判断したからです。

もちろん普通に生活していても感染する可能性はあるでしょう。ただ、自分の管轄下において100%安全の保証がないのにスタッフを働かせること、そして100%満足をしてもらえる自信がないのに来店してもらうこと。このふたつが僕の美学と哲学、つまり、僕の中での正義に反していました。

スタッフたちはこの騒動のなかでも本当に頑張ってくれていました。収益面において言えば、赤字を出したことは、営業をした月に関しては一度もありません。本当に頭が下がります。我ながら素晴らしいスタッフたちだと思います。そんなスタッフたちを、雇用はもちろん責任を持って守ることを約束します。僕の経営する各社への雇用を促すと同時に、独立する以前にお世話になっていたグループも受け入れ先として名乗り出てくれました。世界が落ち着きを取り戻したら必ず「THE CLUB」をやろうではないか。そうみんなで誓い合いました。

「THE CLUB」は先日をもって閉店しましたが、

お互い今できることに全力で向き合い、また皆様に喜んでいただける「THE CLUB」を復活させます。

何度も言いますが、僕は絶対に諦めない。

最終目標は世界平和ですかね

君と、この本を
通じて出会えて
嬉しいよ!!

みんないつも
ありがとう!
大好きだ

ROLAND

●『ローランド先生』スタッフ
チーフプロデューサー：矢﨑裕明
演出：杉野幹典
ディレクター：廣井敦　海野友梨　林千恵子
プロデューサー：勝又郁乃　安部公代　原田このみ
構成作家：飯塚大悟　植田将崇　加藤正人
制作統括：中嶋優一
制作著作：フジテレビ

●ブックスタッフ
構成：リアルコーヒーエンタテインメント（栗山アンナ・鈴木幸・高橋健太）
ブックデザイン：鈴木貴之／撮影：山田耕司／ヘアメイク：宮下侑子
校正：小出美由規／編集：秋葉俊二

—お悩み解決 特別授業—

発行日　2020年8月31日　初版第1刷発行

発 行 者　久保田榮一
発 行 所　株式会社 扶桑社
〒105-8070　東京都港区芝浦 1-1-1　浜松町ビルディング
電話　03-6368-8870（編集）／03-6368-8891（郵便室）
www.fusosha.co.jp

企画協力　株式会社フジテレビジョン
印刷・製本　図書印刷株式会社

Printed in Japan　ISBN978-4-594-08576-6